Mon Incroyable Série Comportementale Pour Les Tout-Petits

J'ai Un Grand Travail.
Je Suis Une GRANDE SŒUR!

Un Livre D'Affirmations Positives
Sur L'Arrivée D'Un Petit Frère ou
D'Une Petite Sœur (2 à 4 Ans)

Par
Suzanne T. Christian

TWORAVENS
BOOKS

Édition Broché: 9781968080242
Édition Reliée: 9781968080259
Édition Numérique: 9781968080266

Publié aux États-Unis par Two Ravens Books LLC,
254 Chapman Rd, Ste 209, Newark DE 19702

'Élargir l'esprit, libérer l'imagination, un titre à la fois.'
www.tworavensbooks.com

Un Livre D'Affirmations Positives pour Les Tout-Petits

Devenir Grande Sœur

Ce livre tendre et rassurant regorge d'affirmations simples et adaptées à l'âge des tout-petits. Il a été spécialement conçu pour les accompagner dans ce grand moment qu'est l'arrivée d'un petit frère ou d'une petite sœur. En lisant ensemble, votre enfant découvrira ce que signifie être une grande sœur attentionnée et confiante, tout en se sentant toujours aimée.

Chaque page offre des moments doux et authentiques, illustrés de scènes colorées qui reflètent les joies – et parfois les petits défis – de ce beau changement. Grâce à la répétition positive, votre enfant apprendra à accueillir son nouveau rôle de grande sœur avec fierté et bienveillance.

Intégrez ce livre à vos moments de lecture préférés et prenez plaisir à voir votre petite s'épanouir dans ce rôle si important, rempli d'amour, de rires et de câlins!

Suzanne T. Christian

Je suis une grande sœur, et c'est mon travail spécial!

Je partage mon ourson préféré
avec le Bébé _____.

Mes mains toutes douces
protègent le Bébé _____.
Je suis une grande sœur!

Je partage mes dessins pour que le Bébé voie toutes les belles couleurs.

Je fais une petite danse rigolote pour faire rire le Bébé _____.

Ma grimace fait éclater
le Bébé _____ de rire.

Les petits orteils du Bébé _____ me font sourire.

Quand je suis triste,
je demande un câlin
à Maman.

J'adore raconter des histoires au coucher.
Je suis une grande sœur!

Je fais coucou quand le Bébé _____ se réveille.

Le Bébé _____ rit quand je fais des bruits de framboise.

Pff!

Ma famille nous aime très fort,
le Bébé _____ et moi.

Si le bébé _____
laisse tomber un jouet,
je le ramasse tout
doucement.

Maman dit que
je suis une super aide.
Je suis une grande sœur!

J'attends patiemment pendant que Maman donne à manger au Bébé

C'est normal si le Bébé _____ pleure parfois: c'est comme ça que les bébés parlent!

Mes mots sont tout doux;
je suis une grande sœur!

J'aide le Bébé _____
à apprendre de nouvelles
choses chaque jour.

Ma petite voix calme
aide le bébé _____
à s'endormir. Je suis une
grande sœur!

J'aide à choisir de jolis petits
vêtements pour le Bébé _____.

Mon travail est très important.
Je suis une grande sœur!

J'ai Un Grand Travail.

Je Suis Une

GRANDE

SŒUR!

Fin!

Mon Incroyable Série Comportementale Pour
Les Tout-Petits

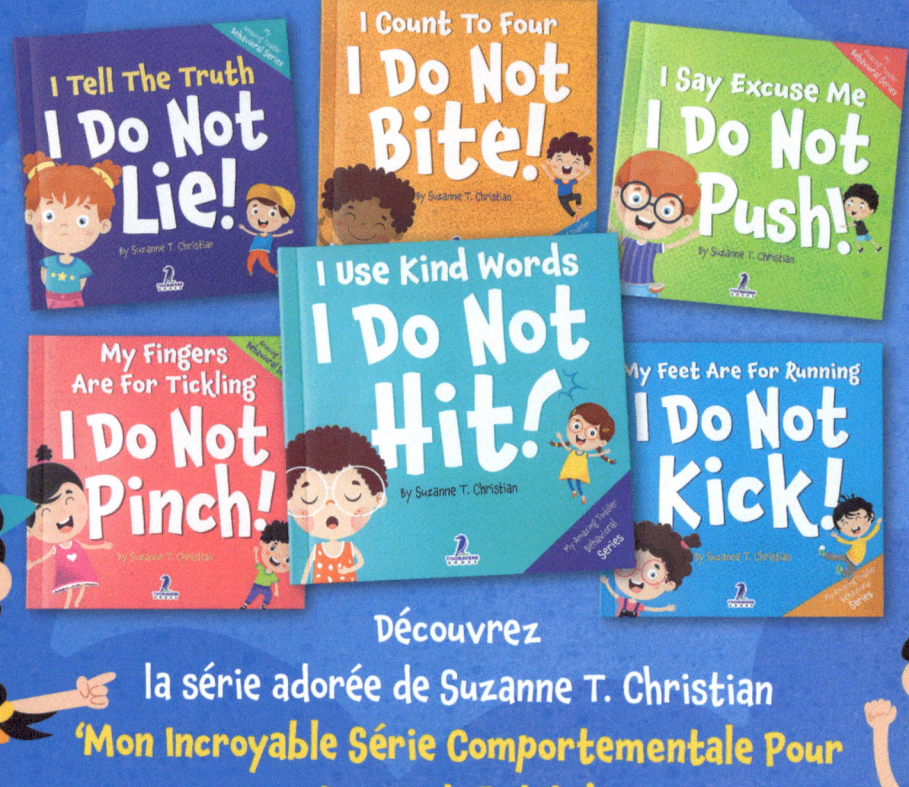

Découvrez
la série adorée de Suzanne T. Christian
'Mon Incroyable Série Comportementale Pour
Les Tout-Petits'
Les jeunes lecteurs vont l'adorer!

Cher Petit Lecteur Merveilleux,

Merci d'avoir exploré **"J'ai Un Grand Travail. Je Suis Une Grande Sœur!"** avec moi. Si ce livre t'a touché ou a apporté de la joie à un petit lecteur, n'hésite pas à laisser un petit mot ou un avis. Tes paroles m'inspirent pour mes futurs livres et aident d'autres familles à découvrir la magie de ces pages.

Si tu as des idées pour rendre ce livre encore plus spécial, écris-moi à suzanne.christian@tworavensbooks.com. Ton avis compte beaucoup pour moi!

Avec toute ma gratitude,